Haberzeth-Grau / Pokorný   Karlino und das Zauberbuch

Edith Haberzeth-Grau, geb. 1952 in Kniebis/Schwarzwald lebt
mit ihrer Familie in Ludwigsburg. Außer „Karlino und das Zauberbuch"
und dem „Denkendorfer Klostermännle" sind von ihr in Deutschland,
Österreich und der Schweiz erschienen:
„Backe, backe Kuchen…"
„Ein Tag mit Kai im Heim" und
„Meribalds Reise"

Václav Pokorný, geb. 1949 in Prag, realisierte im Prager Puppen-
und Trickfilmstudio mehrere Trickfilme. Er arbeitet jetzt als
freischaffender Maler, Illustrator und Bildhauer in Prag und Stuttgart.
Er erhielt den 1. Preis im „Fanum fortunae" (Italien) sowie den
Österreichischen Jugendbuchpreis. 1993 war er deutscher Vertreter
der weltbesten Illustratoren auf der Biennale in Bratislava. Seine Bilder
werden in Ausstellungen im In- und Ausland gezeigt.

Edith Haberzeth-Grau · Václav Pokorný

Karlino und das Zauberbuch

Eine Erlebnisreise durch die Geschichte von Ludwigsburg

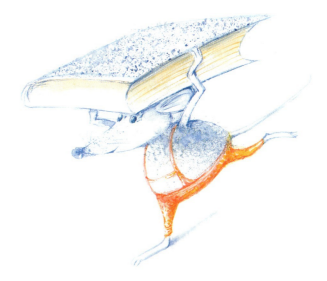

Für Christine

Copyright 2003:   Edith Haberzeth-Grau (Text)
                  Václav Pokorný (Illustration)

Im Eigenverlag erschienen:
                  Edith Haberzeth-Grau
                  Mößnerweg 11
                  71638 Ludwigsburg

Satz: Peggy Gläsel
Druck: Druckhaus-Münster GmbH, Kornwestheim

ISBN: 3-00-012697-X

In Zusammenarbeit mit dem Kulturamt der Stadt Ludwigsburg.

Vorwort

Eine vergnügliche und lehrreiche Zeitreise zu einigen Stationen der Geschichte, die für die Bürgerinnen und Bürger der Stadt Ludwigsburg wichtig oder auch amüsant geworden waren, können junge und alte Leser machen, wenn sie in dem Büchlein von Edith Haberzeth-Grau lesen.

Erwartungsvoll blättert man von Ereignis zu Ereignis und begleitet gerne Lisa mit der geschichtskundigen Maus Karlino. Märchenartig wird die Fantasie von Lesern und Leserinnen angeregt, sich Ort und Ereignis vorzustellen. Die reichlich eingefügten Illustrationen fördern solche Vorstellungen. Alle berichteten Episoden sind historisch belegt und nicht erfunden. Auch Daten und genaue Ortsbeschreibungen finden sich. So wird das Zauberbuch zum Geschichtsbuch. Der flüssig erzählende Text und der spannende Inhalt regen an, nicht nur einmal gelesen oder vorgelesen zu werden.

Ich möchte dem kleinen Geschichtsbüchlein eine freundliche Aufnahme, gerade im Jubiläumsjahr der Stadt, wünschen. Gewiss geht keiner und keine, die das Buch gelesen haben, künftig ohne schmunzelnde Erinnerung an der Haltestelle in der Wilhelmstraße vorbei.

Albert Sting

Außer Atem und mit rotem Kopf kam Lisa an der Bushaltestelle an. Leider zu spät, sie sah nur noch die Schlusslichter ihres Busses. Wütend stampfte sie mit dem Fuß auf den Boden. „Nun muss ich warten, bis der nächste kommt", schimpfte sie und setzte sich auf die Bank an der Haltestelle. Müde stützte sie ihren Kopf auf die Hände. Ihr Blick blieb an einem Schriftzug über einem Schaufenster auf der gegenüberliegenden Straßenseite hängen.

Karlino stand da geschrieben und daneben war eine freche Maus gemalt. „Karlino", murmelte Lisa vor sich hin, „ein lustiger Name für ein Tier – träume ich?", dachte sie verdutzt. Karlino hatte den Kopf zu ihr gedreht und blinzelte sie fröhlich an. Die Maus löste sich vom Schriftzug, stieg auf den Gehweg, blickte achtsam nach links und rechts, um sicher die Straße zu überqueren. Seltsamerweise hatte Karlino ein großes Buch unter dem Arm. Es war fast noch größer als er selbst.

„So etwas gibt es doch nicht, das kann ja nicht wahr sein", staunte Lisa. Nun stand Karlino auch schon vor ihr. „Du hast meinen Namen genannt", sprach er das Mädchen freundlich an. „Ich habe laut „Karlino" gelesen." Sie zeigte zur anderen Straßenseite hinüber und sah, dass die Maus über dem Schaufenster tatsächlich fehlte.

„Ich bin Karlino persönlich." Er deutete eine Verbeugung an und sprach weiter: „Dir ist der Bus vor der Nase abgefahren; da sahst du so unglücklich aus, dass ich beschloss, dir die Wartezeit spannend zu gestalten."

„Du hast ein Buch mitgebracht?" Lisa zeigte auf das Buch, das Karlino immer noch unter dem Arm hielt. „Ja, wenn du Lust hast, können wir es zusammen anschauen. Es ist ein besonderes Buch, ein Zauberbuch." Den letzten Satz flüsterte er geheimnisvoll und wischte mit seinem Mäuseschwanz den Staub ab.

„Ich habe noch nie ein Zauberbuch angeschaut, so etwas gibt es doch gar nicht!", rief sie verwundert. Karlino wiegte den Kopf hin und her und lächelte bedeutungsvoll. Er schlug die erste Seite des Buches auf und las vor: „Geschichten der Stadt Ludwigsburg." Na, ob das nicht langweilig wird?, dachte sie sich. Karlino sah ihren enttäuschten Gesichtsausdruck und blätterte eilig weiter.

Lisa sah eine riesige Baustelle vor sich. Menschen liefen geschäftig hin und her. Sie schleppten Holzbalken und anderes Baumaterial. Mit dem Handrücken wischten sie sich immer wieder erschöpft den Schweiß von der Stirn. Manche der Bauarbeiter sahen fremdländisch aus, sie hatten pechschwarze Haare und eine gebräunte Haut. Es war ein Sprachengewirr, ein Klopfen und Hämmern. Die Ochsen zogen schwer beladene Karren, schnaubten und stampften dabei. Die Pferde der Bauaufseher wieherten und schüttelten immer wieder ihre Mähnen. Es war ein unsagbarer Lärm. Doch plötzlich, mitten in der Hektik, hörten sie Fanfarenklänge. Alle hielten inne und es kehrte eine wohltuende Ruhe ein.

„Was passiert denn jetzt?", flüsterte Lisa gespannt. „Herzog Eberhard Ludwig fährt mit seiner Kutsche vor." Da entdeckten sie schon die prächtige Kutsche, gezogen von edlen Pferden. Sie bestaunten die Reiter, die vor und hinter der Kutsche ritten.

Die Baumeister verneigten sich, als der Herzog aus seiner Kutsche stieg und rollten ihre Baupläne eilig auf, um ihn persönlich vom Stand der Bauarbeiten zu unterrichten. Sie führten ihn und sein ganzes Gefolge direkt in die Baustelle hinein.

Da trat ein Diener hervor und reichte dem Herzog mit einer tiefen Verneigung einen silbernen Hammer. Mit diesem schlug der Regent dreimal auf den Grundstein. Der Klang erfasste die ganze Baustelle.

„Dies soll die Ludwigsburg sein", sprach der Herzog mit fester Stimme. Wieder erklangen die Fanfaren und alle Anwesenden klatschten. Lisa flüsterte Karlino begeistert zu: „Dies ist ja wirklich ein Zauberbuch, ich höre und sehe alles und wir sind sogar mitten im Geschehen."

„Ja, da staunst du! Wir werden noch mehr gemeinsam erleben. Aber merke dir vor allem das Datum: Heute ist der 7. Mai 1704. Soeben hast du die Gründung des Schlosses und letztendlich auch der Stadt Ludwigsburg erlebt", erklärte die Maus feierlich, blätterte weiter und erzählte:

„Der Herzog hatte an alle Behörden des Landes einen Brief geschrieben und dafür geworben, dass Handwerker in seine Ludwigsburg ziehen sollten. Dieser Appell wurde auf allen Markt- plätzen der Städte und Dörfer öffentlich kundgetan. Manch einer überlegte es sich, dem Aufruf zu folgen. Doch zum Schluss waren es nur wenige Handwerker, die sich zur Ludwigsburg aufmachten: je ein Bäcker aus Oberstenfeld, Oberriexingen und Vaihingen an der Enz, je ein Metzger von Backnang, Oßweil, Strümpfelbach und Vaihingen an der Enz, je ein Schneider von Murr, Kornwestheim und Uhlbach, ein Strumpfstricker, ein Sattler, drei Hufschmiede, ein Kupferschmied, ein Schlosser, ein Wagner und zwei Ziegler." „Was, nur so wenige Leute sind damals nach Ludwigsburg gekommen?", wunderte sich Lisa.

„Es gab auch verlockende Angebote, wie zum Beispiel Steuersenkungen, um den
Menschen den Umzug hierher schmackhaft zu machen", erklärte Karlino, „mit der
Zeit übersiedelten immer mehr Menschen nach Ludwigsburg.

Häuser wurden gebaut und auch wieder verkauft. So kaufte im Jahre 1722
ein italienischer Cafetier mit dem klangvollen Namen Lazaro das Eckhaus
Schlossstraße 27. Dort eröffnete er ein Kaffeehaus.
So entstand der Name ‚Kaffeeberg'."

Die beiden Abenteurer saßen im Gras, etwas entfernt von der lauten Baustelle und Karlino, die Maus, erzählte weiter: „Immer mehr Menschen wollten nun in der Nähe des Schlosses wohnen.

Beamte und Jägermeister, Hof- und Stallbedienstete, Musikanten und Gärtner und sogar die Geliebte des Herzogs, alle kamen hierher.

Die Grävenitz, wie man sie nannte, war eine schöne Frau und man sagte von ihr, sie sei eine gute Unterhalterin. Aber gefürchtet war sie wohl auch, denn ihre Macht am Hof wurde mit der Zeit immer größer. Von ihr gäbe es noch vieles zu erzählen", sagte Karlino und seufzte dabei.

„Dir gefällt sie wohl auch, die schöne Grävenitz?", fragte Lisa schmunzelnd. Karlino blinzelte ihr vielsagend zu und erzählte weiter: „Im Jahre 1733 starb Herzog Eberhard Ludwig. Bange fragten sich seine Untertanen, was wohl jetzt aus ihnen werden würde? Dann passierte das, was alle befürchtet hatten ..."

Karlino sah plötzlich ganz traurig aus, als er umblätterte.
Beide standen unter einem Kastanienbaum in der Nähe der Straße.
Leute drängten sich am Rand und beobachteten, wie eine Karawane
von Pferden, Kutschen und Ochsenwagen an ihnen vorüberzog.
Auf den einfachen Karren saßen Männer, Frauen und Kinder
zwischen Kisten und Möbeln.

Sie führten den ganzen Hausrat mit sich. Auch die Tiere waren dabei. Einige arme Leute hatten sich der Karawane angeschlossen. Sie trugen ihre Habseligkeiten auf dem Rücken und gingen zu Fuß hinterher. Immer mehr Menschen waren gekommen und sahen fassungslos zu, wie der gesamte Hof nach Stuttgart umzog. Jeder wusste, dass nun eine karge Zeit vor ihnen lag. Lisa war auch traurig geworden und fühlte mit den Untertanen.

„Komm, wir begeben uns in bessere Zeiten", schlug Karlino vor und blätterte auch schon zur nächsten Seite um. Plötzlich befanden sich die beiden mitten auf dem Marktplatz direkt am Brunnen. Außen herum waren die Marktstände aufgebaut. Die Händler boten laut ihre Waren an. Menschen mit Einkaufskörben standen in kleinen Gruppen zusammen, um sich zu unterhalten und die Neuigkeiten zu erzählen. Es herrschte überall ein buntes Treiben. Die beiden Kirchen, die sich gegenüberstehen, schienen über alles hinwegzusehen. Plötzlich fingen die Glocken an zu läuten. Ihr Klang erfüllte den Marktplatz und die ganze Stadt.

„Ist das Geläut nicht herrlich? Mir wird es immer warm ums Herz vor Begeisterung, wenn ich Kirchenglocken höre!", schrie Karlino Lisa ins Ohr, „vier Glocken stiftete Herzog Eberhard Ludwig der Stadtkirche. Die größte Glocke läutet bis zur heutigen Zeit."

„Meinst du meine Zeit, in der ich lebe?", fragte Lisa irritiert. „Ja, ja, deine Zeit meine ich. Halte mal bitte mein Buch fest. Ich glaube, wir vertragen eine Stärkung", sprach `s und verschwand hinter den Ständen. Lisa stieg der Geruch von Magenbrot, gebrannten Nüssen und gebackenen Waffeln in die Nase. Das Wasser lief ihr im Munde zusammen.

Da stand auch schon Karlino vor ihr und hatte
für jeden eine Waffel in der Hand. Lisa biss herzhaft
hinein und auch er ließ es sich schmecken. Die Waffel
war köstlich. Lisa leckte sich zum Schluss noch die Finger ab,
so gut hatte sie geschmeckt.

Karlino geriet wieder in Eifer und zeigte mit seiner Pfote hinüber
zu einem der Marktplatzhäuser: „Schau, dort drüben in diesem
Haus wurde der berühmte schwäbische Dichter und Arzt
Justinus Kerner geboren. Er schrieb Gedichte und Märchen und
war mit Ludwig Uhland befreundet, einem ebenso berühmten
schwäbischen Dichter und gleich um die Ecke, in der Kirchstraße
kam ein weiterer Dichter zur Welt, nämlich Eduard Mörike."

„Bei dir lernt man ja wirklich viel, und es ist überhaupt nicht langweilig", bemerkte Lisa anerkennend. Es machte Karlino Spaß, dass seine Begleiterin so viel Interesse zeigte. Fröhlich blätterte er zur nächsten Seite weiter. Die zwei befanden sich nun am Seeufer des Schlösschens Monrepos. Es war Nacht. Von den Bäumen hingen bunte Lampions, die der Dunkelheit ein romantisches Licht verliehen. Auf dem See fuhren Gondeln. Die Gondolieri sangen ihren Fahrgästen stimmungsvolle Lieder vor. Es herrschte eine fröhliche und übermütige Atmosphäre. Auf den Wegen begegneten sie Menschen in wunderbaren Gewändern mit kunstvollen Masken. Andere hielten kostbare Fächer vors Gesicht, so dass man nur die Augen sehen konnte. „Sag mal, wir sind doch nicht in Venedig?", fragte Lisa verdutzt. Sie hatte im Fernsehen einen Bericht über den Karneval in Venedig gesehen und hier erinnerte sie alles an diese Sendung.

„Da hast du nicht ganz unrecht", stimmte ihr Karlino zu, „es sind Jahrzehnte vergangen. Der neue Regent ist jetzt Herzog Carl Eugen. Er hatte in Stuttgart mit seiner Verwaltung solch einen Streit gehabt, dass er verärgert der Stadt den Rücken kehrte und Ludwigsburg zu seiner Residenz erklärte. Die Ludwigsburger waren froh darüber, denn mit dem Herzog kam auch wieder der ganze Hofstaat hierher. Nun herrscht, wie du siehst, ein buntes Treiben.

Der Herzog hatte eine große Vorliebe für Venedig. Er führte ein Jahr nach seiner Venedig-
reise die Venezianische Messe hier in Ludwigsburg ein. Auf dem Marktplatz wurden
Verkaufsbuden aufgestellt. Handelsleute aus dem In- und Ausland boten ihre Waren
an. Von Feinkost über Modewaren, Porzellan, Masken und Tabak gab es vieles zu sehen
und zu kaufen. Das Besondere aber an der Messe war, dass die Käufer wie auch Verkäufer
in venezianischen Kostümen erschienen. Außerdem waren viele Töchter von vornehmen
Venezianern in der Stadt, die natürlich wussten, wie venezianische Feste gefeiert werden.

„Wegen des allzu munteren Treibens nannte man
Ludwigsburg im Land allerdings schon ‚Lumpen-
burg'." Ist ja peinlich!", kicherte Lisa verschämt.

Plötzlich hörten sie ein Krachen und Zischen. Sie
sahen am dunklen Nachthimmel ein Feuerwerk,
so schön, wie sie noch keines zuvor gesehen hatten.

Alle Menschen im Park hielten inne. Auch die Lieder der Gondolieri verstummten. Dafür ging immer wieder ein Raunen der Begeisterung durch die Nacht. Als der letzte Feuerwerksstern vom Himmel fiel, war es eine Zeit lang noch ganz still. Doch dann begann Karlino zu erzählen: „Weißt du, der Herzog feierte nicht nur. Er erweiterte auch die Stadt und baute Kasernen für die Soldaten und Ställe für die vielen Pferde. So erhöhte sich die Einwohnerzahl wieder. Carl Eugen baute Ludwigsburg sozusagen zur Soldatenstadt aus." Karlino spitzte die Lippen, pfiff einen flotten Marsch und blätterte wieder eine Seite um.

„Im Gleichschritt Marsch", hörten Lisa und Karlino rufen und sahen dabei die Soldaten, wie sie zackig vor der Kaserne marschierten.

Reiter galoppierten auf ihren Rössern an den Soldaten vorbei. In einem lauten und scharfen Ton wurden Befehle erteilt und sofort ausgeführt. Lisa fühlte sich gar nicht wohl in ihrer Haut und bat ihren Freund, doch lieber die nächste Seite aufzuschlagen.

„Das mache ich gerne, denn nun wird es lustig. Wir erleben einen Streich. Man ist überzeugt, dass der Herzog Carl Eugen ihn selbst ausführte. Denn er war auch für seine Späßle bekannt."

Karlino blätterte zur nächsten Seite. Es war fast dunkel. Die beiden schauten hinter einer Hausecke hervor und sahen, wie sich zwei Gestalten mit einem langen Stock leise an ein Haus schlichen. Sie klopften laut an die Haustüre, bis ein Fenster im ersten Stock geöffnet wurde. Schlaftrunken rief eine Frauenstimme: „Wer da?" Schnell schoss der Stab nach oben. An ihm war ein schmutziges Tuch befestigt, das der armen Frau im Gesicht hin- und hergeschmiert wurde. Laut schrie sie um Hilfe.

Ehe die ganze Nachbarschaft auf die Beine kam, waren die beiden dunklen Gestalten verschwunden. „Das war der Herzog mit seinem Freund Pappenheimer", erklärte Karlino, „aber nun nichts wie weg, sonst denken die Leute, wir sind es gewesen."

„Können wir nun etwas weniger Aufregendes erleben?", fragte Lisa erschöpft die kleine Maus. „Mal sehen, was sich machen lässt", erwiderte Karlino gutmütig und blätterte um.

„Dafür müssen wir einen großen Sprung durch die Zeit machen", erklärte er und fuhr mit theatralischer Stimme fort: Es regiert nun König Friederich II. Er wurde durch Kaiser Napoleon vom Herzog zum König ernannt."

Die beiden Abenteurer standen mitten in einer schönen Gartenanlage. „Der König hat sich vorgenommen, den ganzen Schlossgarten neu zu gestalten. Der Park reicht vom Schloss bis hinauf zum Salonwald. Am Wald entlang führt die Königsallee direkt zur so genannten Grünen Bettlade. In lauen Sommernächten hatte schon Herzog Carl Eugen gerne hier geschlafen, um die Nachtigall singen zu hören", erklärte Karlino.

Die beiden bummelten gemütlich durch die wunderschöne Gartenanlage. Immer wieder blieben sie begeistert vor den Tierhäusern stehen. Sie freuten sich an den Affen, die ausgelassen miteinander spielten, bestaunten Kamele und Büffel. Rehe und Hirsche sahen sie friedlich nebeneinander im Gras und beobachteten die Fischreiher, die im Schilf am Ufer eines kleinen Sees standen. Auf einer großen Tafel war zu lesen:

„Nach Aufstellung des Bauverwalters: 25 Affen, 2 Kamele, 7 Büffel, 4 Bären, 3 Wölfe, 3 Bengalische Hirsche, 1 Fuchs, 1 Stachelschwein, 1 Dachs, 2 Waschbären, 5 Frettchen, 5 Hunde, 2 wilde Katzen, 3 Hasen und Gämsen, 4 Adler, 1 Uhu, 1 Falke, 4 Raubvögel, 3 Fischreiher. Ludwigsburg, den 30. März 1810 Bauverwaltung Gegel."

Dann gingen sie miteinander über die Wege des Parks, bis sie schließlich die „Grüne Bettlade" erreichten. Dort genossen sie den weiten Blick über die Dörfer und Felder bis nach Stuttgart. Nachdem sich die beiden ausgeruht hatten, blätterte Karlino in seinem Zauberbuch weiter.

„Einweihung der Brüder- und Kinderanstalt Karlshöhe
6. November 1876", las Lisa laut.

Es schneite und es war nasskalt. Kinder standen in Reih` und Glied vor dem Inspektorenhaus.
Sie froren entsetzlich und wechselten immer wieder von einem Fuß auf den anderen.
Alle hatten rote Nasenspitzen vor Kälte.

Endlich galoppierte ein Reiter durch das Tor und meldete die Ankunft der vornehmen Gäste.
Schlitten fuhren vor und hielten am Haus. Die Gäste stiegen eilig aus, denn sie wurden im
Betsaal bereits erwartet.

„Alle warten auf den König Karl, der dieser Anstalt seinen Namen verliehen hat. Doch er war
bei den Gästen nicht dabei", verriet Karlino, „komm, wir gehen auch in den Betsaal", sprach er
und nahm das Mädchen an die Hand.

Im Betsaal war es wenigstens schön warm. Der Inspektor der Anstalt hielt die Festrede, in der er Gott und dem Königshaus dankte. Es folgten noch viele andere Reden, die Lisa ermüdeten. Vor dem Schlussgebet klopfte es laut. Alle standen ergeben auf, denn Seine Majestät König Karl trat in den Raum. „Der kommt aber gewaltig zu spät", flüsterte Lisa ihrem Begleiter zu. „Als König kommt man nie zu spät", belehrte Karlino das Mädchen und blinzelte spitzbübisch.

„Das ist ja gut: Wäre ich Königin, wäre mir der Bus auch nicht vor der Nase abgefahren!" „Da hast du Recht", schmunzelte die Maus, „komm, wir schauen nach der Königin Olga, sie ist sicher auch mitgekommen."

Gemeinsam verließen sie ungesehen den Betsaal. Durch ein Fenster im Knabenhaus sahen sie tatsächlich die Königin in Begleitung ihrer Hofdamen. Sie gab allen Kindern die Hand und sprach zu jedem ein gutes Wort. Für die Kinder war es ein ganz besonderes Erlebnis. Sie strahlten um die Wette, besonders weil es zum Abschluss des Tages noch ein Festessen gab.

„Lisa, mir hat es großen Spaß gemacht, mit dir durch die Seiten meines Zauberbuches zu gehen. Jetzt schlage ich noch eine Seite auf." Langsam und mit einem tiefen Seufzer des Bedauerns blätterte Karlino zum letzten Mal eine weitere Seite seines Zauberbuches um. Mit belegter Stimme sagte er: „Wir sind nun im Jahr 1908 angekommen. Siehst du auf der anderen Straßenseite den schönen Bus stehen? Er gehört zur neuen Ludwigsburger Omnibuslinie." Das Gefährt sah aus wie eine Mischung aus Kutsche und Auto. Sie sah auch die schwarz gekleideten Männer am Bus, die sich so angeregt unterhielten, dass bei manchen von ihnen sogar die Schnurbärte wippten.

Vornehm schauten sie aus, mit ihren Hüten und Spazierstöcken. Der gesamte Magistrat hatte sich versammelt. Keiner wollte sich die erste Fahrt mit der neuen Buslinie entgehen lassen. Denn alle waren stolz darauf, dass nun in Ludwigsburg der Bus fährt.

Der Fahrer hupte laut. Schnell stiegen die Herren nacheinander
in den Bus ein. Auch Karlino und Lisa waren mit dabei und setzten
sich auf die letzte Bank. Der Bus fuhr mit einem Ruck an. Fast wäre die
Maus von der Bank gerutscht. Die Leute auf der Straße klatschten Beifall
und die Kinder winkten fröhlich mit bunten Fähnchen.

Die Fahrt ging vom Bahnhof über die Myliusstraße zum Schillerplatz und Arsenalplatz, weiter zur Willhelmstraße und zum „Schwätzbänkle", dann zum Heilbad Hoheneck und wieder zurück zum Bahnhof. Der Bus hielt an und alle stiegen begeistert aus. Karlino machte eine ungelenke Verbeugung und sagte mit leiser Stimme: „Das war nun die letzte Geschichte aus meinem Zauberbuch. Alles Gute, Lisa, und verpass deinen Bus nicht!"

„Verpass deinen Bus nicht!", hörte Lisa und spürte eine Hand auf ihrer Schulter. Mühsam öffnete sie ihre Augen und sah in das freundliche Gesicht einer Frau. „Danke, dass Sie mich geweckt haben", sagte Lisa und stieg schnell in den Bus ein. „Habe ich alles nur geträumt?", fragte sie sich und schaute durch das Busfenster hinüber zu Karlino.

Es schien so, als würde die Maus ihr vielsagend zublinzeln. „Das Zauberbuch gibt es nicht", flüsterte sie leise. „Oder vielleicht doch?"

Folgende Bücher lagen zur Lektüre vor:
Grube/Richter: Ludwigsburg, Ludwigsburg o. J.
B. Kurrle: Das Paradies kommt erst später,
                  Reutlingen 2000
A. Sting: Geschichte der Stadt Ludwigsburg Bd.1,
                  Ludwigsburg 2000

Herzlich bedanke ich mich bei Herrn Dr. Albert Sting, der freundlicherweise bereit war
das Manuskript zu lesen und mich auf historische Feinheiten aufmerksam machte.